どっちを選ぶ？クイズで学ぶ！

自然災害サバイバル

全《ぜん》3巻《かん》 内容《ないよう》説明《せつめい》

① 地《じ》震《しん》

・リビングにいたら大《おお》きな地震《じしん》が！
どこへ逃《に》げる？

・火事《かじ》のとき、外《そと》に出《で》るには
どんな階段《かいだん》を使《つか》えばいい？

・避難所《ひなんじょ》に向《む》かう途中《とちゅう》、
トイレに行《い》きたくなったら？

・津波警報《つなみけいほう》のとき、どこへ逃《に》げる？

・安否《あんぴ》を家族《かぞく》に伝《つた》えたい！
どの番号《ばんごう》に電話《でんわ》する？　など

② 水《すい》害《がい》

・雨《あめ》と風《かぜ》が強《つよ》くなってきた。
まずなにをする？

・家族《かぞく》が外出中《がいしゅつちゅう》だけど、
避難《ひなん》したほうがいい？

・風《かぜ》が強《つよ》く道路《どうろ》は水《みず》びたし。
どうやって歩《ある》くのがいい？

・強風《きょうふう》が吹《ふ》いている。危険《きけん》な道《みち》はどれ？

・避難所《ひなんじょ》が満員《まんいん》らしい。
どうする？　など

③ 避《ひ》難《なん》生《せい》活《かつ》

・骨《ほね》が折《お》れているみたい。
応急処置《おうきゅうしょち》に使《つか》えるものは？

・配《くば》られたおかしとおにぎり、
どっちを先《さき》に食《た》べる？

・慣《な》れない場所《ばしょ》でねむれない。どうする？

・単三電池《たんさんでんち》を単一電池《たんいちでんち》に変《か》えるには、
なにが必要《ひつよう》？

・体育館《たいいくかん》にはまだ人《ひと》がいるけど、
学校《がっこう》はいつ再開《さいかい》するの？　など

どっちを選《えら》ぶ？クイズで学《まな》ぶ！

自《し》然《ぜん》災《さい》害《がい》サバイバル

監修　木原実（気象予報士・防災士）

イラスト　AUN幸池重季

避《ひ》難《なん》生《せい》活《かつ》 3

日本図書センター

はじめに

地震《じしん》や津波《つなみ》、台風《たいふう》、洪水《こうずい》など、日本《にほん》では最近《さいきん》も多《おお》くの自然《しぜん》災害《さいがい》がおこっています。これを読《よ》んでいるみなさんのなかにも、じっさいに災害《さいがい》を経験《けいけん》して、こわい思《おも》いをしたことがある人《ひと》がいるかもしれませんね。そうでなくても、ニュース番《ばん》組《ぐみ》の映像《えいぞう》を観《み》るだけで、「もしも自分《じぶん》の住《す》んでいる場所《ばしょ》で災害《さいがい》がおきたら……」と不安《ふあん》になってしまうものです。

大《おお》きな災害《さいがい》がおきた場合《ばあい》、家《いえ》が壊《こわ》れたり、水《みず》につかったりしてしまうこともありえます。家《いえ》が住《す》めない状態《じょうたい》になったときには、学校《がっこう》の体育館《たいいくかん》などの「避難所《ひなんじょ》」で、しばらく生活《せいかつ》をしなければなりません。

この本《ほん》に登場《とうじょう》する主人公《しゅじんこう》も、大《おお》きな地震《じしん》の後《あと》、家族《かぞく》といっしょに避難《ひなん》した学校《がっこう》の体育館《たいいくかん》で、しばらく生活《せいかつ》することになります。日常《にちじょう》とはちがう避難所《ひなんじょ》での生活《せいかつ》では、トラブルや疑問《ぎもん》の連《れん》続《ぞく》です。みなさんも主人公《しゅじんこう》といっしょにクイズに答《こた》えながら、避難所《ひなんじょ》でどんな行動《こうどう》をとるべきか、考《かんが》えてみてください。

この本《ほん》を読《よ》んで、じっさいの避難生活《ひなんせいかつ》をイメージし、正《ただ》しい知識《ちしき》を身《み》につけておけば、いざというときにも落《お》ち着《つ》いて判断《はんだん》ができるはずです。いつかくるかもしれない災害《さいがい》の後《あと》、みなさんがより冷静《れいせい》に行動《こうどう》ができるよう、この本《ほん》を役立《やくだ》ててくださるとうれしいです。

気象予報士《きしょうよほうし》・防災士《ぼうさいし》　木原実《きはらみのる》

この本《ほん》の見方《みかた》

避難生活《ひなんせいかつ》のなかで
判断《はんだん》にまよう
シチュエーションを
クイズにしているよ。

問題《もんだい》のむずかしさを
３段階《だんかい》で
表示《ひょうじ》しているよ。

問題《もんだい》の答《こた》えを
イラストとともに
紹介《しょうかい》するよ。

問題《もんだい》への選択肢《せんたくし》だよ。
どっちの行動《こうどう》を
とればいいか
考《かんが》えてみよう。

答《こた》えについて
くわしく
説明《せつめい》しているよ。

問題《もんだい》に関係《かんけい》する
ことがらを
紹介《しょうかい》するコラムだよ。

ハルト

この本《ほん》の主人公《しゅじんこう》。
元気《げんき》で前向《まえむ》き、
おっちょこ
ちょいな性格《せいかく》。

サクラ

ハルトの同級生《どうきゅうせい》。
おなじ避難所《ひなんじょ》で
生活《せいかつ》している。

サバイバルマスター

防災《ぼうさい》について
知《し》りつくした
アドバイザー。

もくじ

グラ

どうする？ 避難生活《ひなんせいかつ》

本部
受付
ハルト、もうすこしで避難所《ひなんじょ》に入《はい》れるぞ！
地震《じしん》から3時間後《じかんご》—
うん！もうヘトヘトだよ…
ん？
グラグラ
余震《よしん》だ！ みんな、お父《とう》さんにつかまってろよ…！
グラグラ
うわっ！すごいゆれ！
おさまった…けっこう大《おお》きい余震《よしん》もあるのね…
ホッ
ハルト、レン、はなれないでね
受付
うん。しばらく安心《あんしん》できないね…

おっ、けっこう広《ひろ》い!?
ここがおれたち4人分《にんぶん》のスペースか…
やっぱりそんなに広《ひろ》くないわね…
あ、サクラ!
ハルト!無事《ぶじ》だったんだ!
うん。ほかのみんなは大丈夫《だいじょうぶ》かな…心配《しんぱい》だよ…
わたしもまだ、ほかの子《こ》には会《あ》えてないんだ…
シュン…
でも、今《いま》はとにかくここで生活《せいかつ》していかなくちゃ!
うん、がんばらなきゃ!じゃ、また後《あと》でね!
またね!おたがい助《たす》け合《あ》っていこう!

お母《かあ》さん ぼく、 おしっこ したいよ…
トイレ、すごい行列《ぎょうれつ》だったわね…
わたし、いっしょにいってくるから、ふたりで留守番《るすばん》お願《ねが》いね！
はーい
ねえ、お父《とう》さん、本当《ほんとう》にここで寝泊《ねと》まりするの？
うん、しばらくはそうなるな。やっぱり不安《ふあん》か？

不安《ふあん》だよ…。どのくらいたてば家《いえ》に帰《かえ》れるのかな…？
う～ん…1週間《しゅうかん》くらいはかかるかもな…
そっか…けっこうかかるね…
でもなハルト、ぜったいに元《もと》の生活《せいかつ》はもどってくる。これはお父《とう》さんが保証《ほしょう》するぞ！
うん…！そうだよね…！
おねえさん、大丈夫《だいじょうぶ》!?

問《もん》題《だい》 1

骨《ほね》が折《お》れているみたい。応急処置《おうきゅうしょち》に使《つか》えるものは？

むずかしさ★★★

A 新聞紙《しんぶんし》

B トイレットペーパー

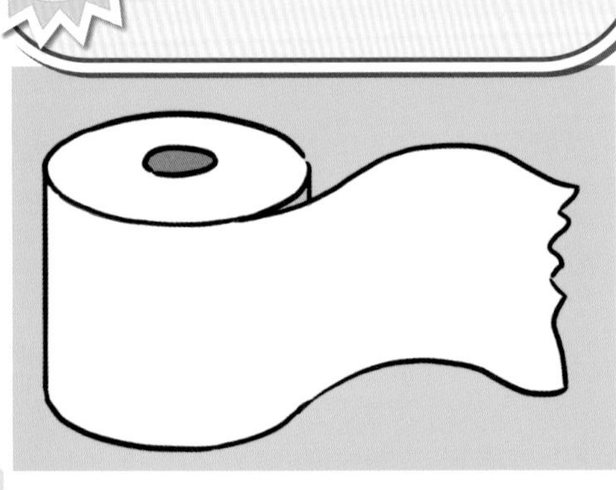

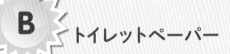

答《こた》え A

新聞紙《しんぶんし》

棒《ぼう》を作《つく》って骨折《こっせつ》した場所《ばしょ》を固定《こてい》する

災害時《さいがいじ》には、思《おも》わぬケガをすることがあるよ。転《ころ》んで手《て》をついたときなどに、骨《ほね》を折《お》ることだってありえるんだ。ケガした場所《ばしょ》を動《うご》かすと痛《いた》がるようなら、骨折《こっせつ》かもしれないよ。そんなときはまず、新聞紙《しんぶんし》を丸《まる》めてかたい棒《ぼう》を作《つく》ろう。それを骨折《こっせつ》した場所《ばしょ》に当《あ》てたら、ガムテープでぐるぐる巻《ま》きにして固定《こてい》すれば、応急処置《おうきゅうしょち》は完了《かんりょう》だよ。避難所《ひなんじょ》のなかにすでに救護所《きゅうごしょ》があるなら、できるだけ早《はや》く連《つ》れていってあげよう。

トイレットペーパーは
やぶれやすくて
固定《こてい》に向《む》いていないぞ！

クイズ深《ふか》掘《ぼ》り！

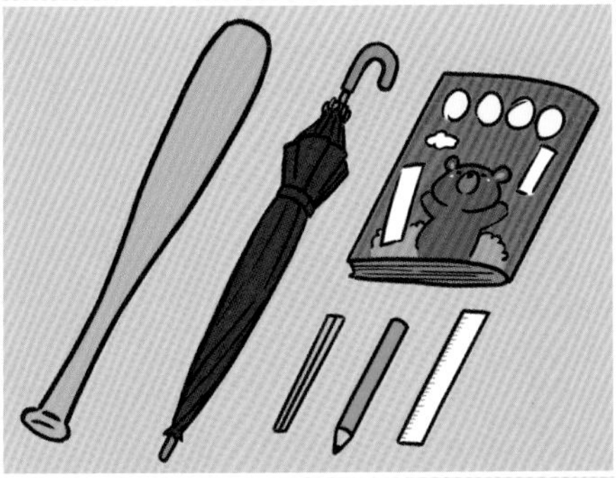

固定《こてい》に使《つか》えるさまざまなもの

新聞紙《しんぶんし》だけでなく、かたくて細長《ほそなが》いものなら骨《ほね》の固定《こてい》に使《つか》えるよ。かさや野球《やきゅう》のバット、丸《まる》めた雑誌《ざっし》、割《わ》りばし、鉛筆《えんぴつ》、定規《じょうぎ》など、折《お》れている骨《ほね》の長《なが》さや大《おお》きさに合《あ》わせて、使《つか》えるものをさがしてみよう。ガムテープがない場合《ばあい》は、棒《ぼう》の両端《りょうはし》を布《ぬの》などで結《むす》んで固定《こてい》するといいよ。

問題《もんだい》 2

切《き》り傷《きず》でたくさん血《ち》が出《で》ている！どうやって傷口《きずぐち》をふさげばいい？

むずかしさ ★★★

A ハンカチでおさえる

B ガムテープを直接《ちょくせつ》はる

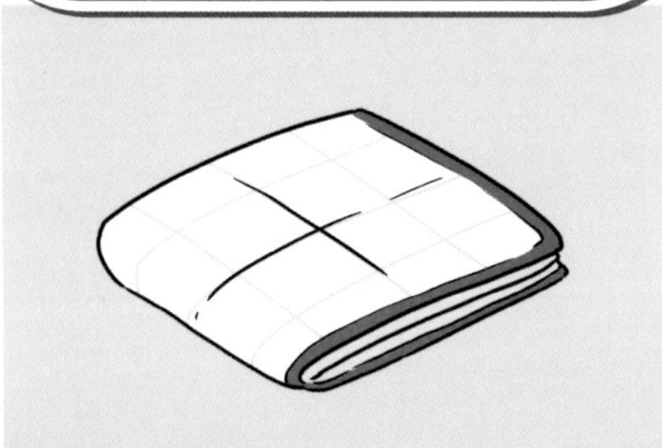

答《こた》え A

ハンカチでおさえる

10分《ぷん》ほどで血《ち》が止《と》まる

切《き》り傷《きず》をおうと、たくさんの血《ち》が吹《ふ》き出《だ》すように出《で》てしまうことがあるよ。体《からだ》から3分《ぶん》の1の血《ち》がなくなると、命《いのち》にかかわるから、すぐ止血《しけつ》しなければいけないんだ。血《ち》が出《で》ている場所《ばしょ》を、ガーゼやハンカチなどの清潔《せいけつ》な布《ぬの》で、ギュッとおさえよう。

多《おお》くの場合《ばあい》は10分《ぷん》くらいおさえていれば血《ち》が止《と》まるんだ。血《ち》から病気《びょうき》がうつってしまうこともあるから、手《て》にビニール袋《ぶくろ》をかぶせて止血《しけつ》すると、さらに安全《あんぜん》だよ。

大人《おとな》にすぐ知《し》らせるのも大切《たいせつ》だぞ！

B を選《えら》んだキミは…

はがすときのことを考《かんが》えよう

ガムテープをはれば、傷口全体《きずぐちぜんたい》をおおえるし、血《ち》も止《と》まりそうに感《かん》じるよね。でも、ガムテープはくっつく力《ちから》が強《つよ》いから、はがすときに傷口《きずぐち》がひらいてしまうかもしれないよ。それに、清潔《せいけつ》でないガムテープをはると、傷口《きずぐち》がうんで、よりひどいケガになってしまうんだ。

問題《もんだい》 3

配《くば》られたおかしとおにぎり、どっちを先《さき》に食《た》べる？

むずかしさ★★★

A おかし

B おにぎり

答《こた》え
B
おにぎり

くさりやすい食《た》べ物《もの》から食《た》べていこう

避難所《ひなんじょ》には冷蔵庫《れいぞうこ》や冷凍庫《れいとうこ》がなく、食《た》べ物《もの》を長期間保存《ちょうきかんほぞん》することはできないよ。おにぎりやお弁当《べんとう》などは、とくにくさりやすい。反対《はんたい》に、袋《ふくろ》に入《はい》ったポテトチップなどのおかしは、簡単《かんたん》にはくさらないんだ。

だから、もしもおにぎりとおかしが配《くば》られたとしたら、先《さき》におにぎりを食《た》べるようにしよう。食《た》べ物《もの》が何種類《なんしゅるい》かある場合《ばあい》は、くさりやすいものから先《さき》に食《た》べたほうがいいよ。

ふだん冷蔵庫《れいぞうこ》に入《い》れている食《た》べ物《もの》は要注意《ようちゅうい》！

クイズ深掘《ふかぼ》り！

冷蔵庫《れいぞうこ》のものから先《さき》に食《た》べる

避難所《ひなんじょ》でなく、家《いえ》で避難生活《ひなんせいかつ》をする場合《ばあい》も、食《た》べるものの順番《じゅんばん》を考《かんが》えたほうがいいよ。電気《でんき》が止《と》まっているときは、冷蔵庫《れいぞうこ》にあるものから先《さき》に食《た》べていき、非常食《ひじょうしょく》はさいごまでとっておこう。冷《れい》蔵庫《ぞうこ》のなかのものはくさりやすいから、わるくなる前《まえ》に食《た》べてしまったほうがいいんだ。

問題《もんだい》 4

ひとりが1日《にち》に必要《ひつよう》とする飲《の》み水《みず》の量《りょう》はどれくらい？

むずかしさ★★★

A 1200mL

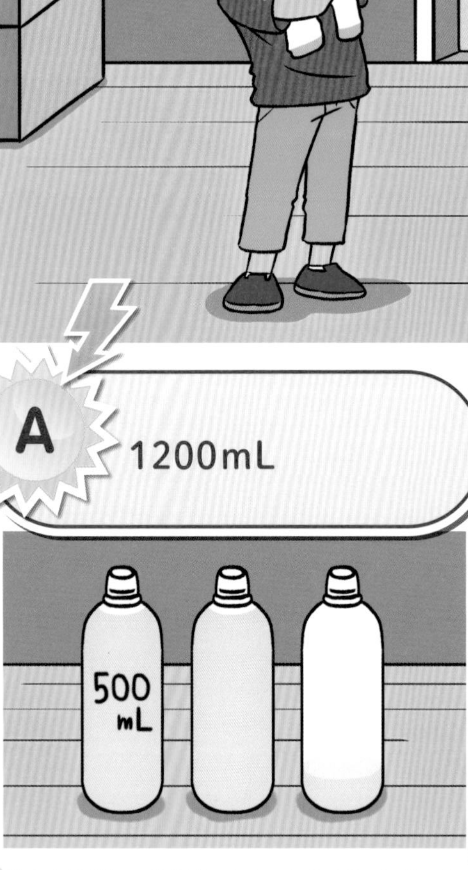

B 600mL

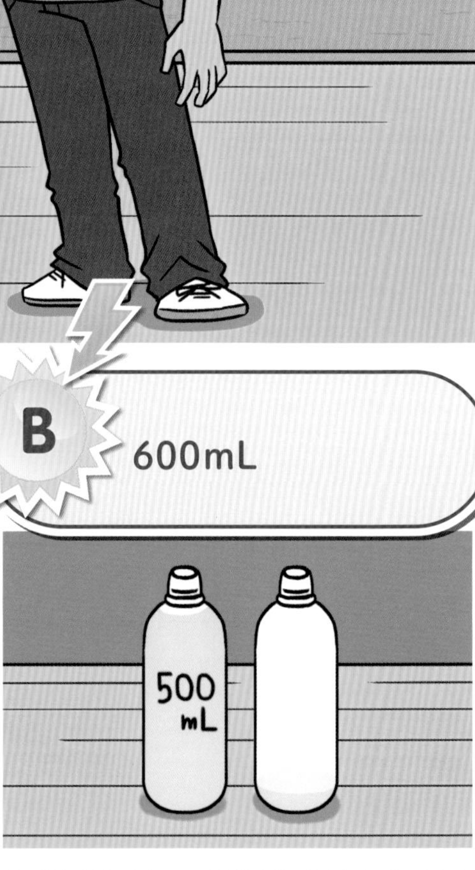

答《こた》え

A

1200 mL

こまめに水分《すいぶん》をとろう！

人間《にんげん》は、体《からだ》の半分《はんぶん》以上《いじょう》が水《みず》でできているよ。だから、１日《にち》に1200mLもの水《みず》が必要《ひつよう》なんだ。飲《の》む量《りょう》が足《た》りないと、体調《たいちょう》をくずしてしまうよ。それに避難所《ひなんじょ》では、運営《うんえい》を手伝《てつだ》ったり、室内《しつない》が暑《あつ》かったりして、いつもより多《おお》く汗《あせ》をかくかもしれない。こまめに水分《すいぶん》をとるように心《こころ》がけよう。

サバイバルの知恵《ちえ》

飲《の》み水《みず》と生活用水《せいかつようすい》を分《わ》けて考《かんが》えよう

「水《みず》には２つの種類《しゅるい》がある」と考《かんが》えておくといいよ。ひとつは飲《の》み水《みず》、もうひとつは洗《せん》たくやトイレで使《つか》う「生活用水《せいかつようすい》」だ。

飲《の》み水《みず》は、生《い》きていくためにだいじなもの。くさらせないように注意《ちゅうい》しよう。災害《さいがい》がおこる前《まえ》に、ペットボトルのミネラルウォーターやお茶《ちゃ》をそなえておくことがたいせつだよ。

生活用水《せいかつようすい》は、飲《の》める水《みず》じゃなくても問題《もんだい》ないよ。トイレを流《なが》したり、体《からだ》をふいたりするのには、くみおきしてある水《みず》を使《つか》おう。家《いえ》で避難生活《ひなんせいかつ》をしている人《ひと》は、お風呂《ふろ》に残《のこ》っている水《みず》も使《つか》えるね。

料理《りょうり》するときにも
水《みず》が必要《ひつよう》だぞ！

問《もん》題《だい》 5

トイレが大行列《だいぎょうれつ》。簡易《かんい》トイレの材料《ざいりょう》をさがそう！

むずかしさ★★★

イラストのなかのものから3つ選《えら》んでね

答《こた》え

新聞紙《しんぶんし》、バケツ、ビニール袋《ぶくろ》

組《く》み立《た》てるのは簡単《かんたん》!

トイレがものすごい行列《ぎょうれつ》で、がまんできそうにない……。そんなときは簡易《かんい》トイレを作《つく》ってピンチを切《き》り抜《ぬ》けよう。ビニール袋《ぶくろ》を二重《にじゅう》にして、バケツにかぶせ、そのなかにクシャクシャに丸《まる》めた新聞紙《しんぶんし》を入《い》れればできあがり。使《つか》い終《お》わったらビニール袋《ぶくろ》の口《くち》を閉《し》めれば、においももれないよ。

サバイバルの知恵《ちえ》

庭《にわ》にトイレを作《つく》ろう

自分《じぶん》の家《いえ》で避難生活《ひなんせいかつ》をしている場合《ばあい》でも、水道《すいどう》が止《と》まれば、トイレが使《つか》えなくなってしまうよ。そんなとき、庭《にわ》がある家《いえ》なら、そこにトイレを作《つく》る手《て》もあるんだ。

庭《にわ》に深《ふか》さ20cmくらいの穴《あな》をほり、じゃりや石《いし》をしきつめれば、簡易《かんい》トイレのできあがり。そのままではにおいがもれてしまうから、段《だん》ボールなどでふたを作《つく》って、使《つか》わないときは閉《し》めておけばいいね。使用後《しようご》に、1回《かい》1回土《かいつち》をかけるのもだいじだよ。近所《きんじょ》から見《み》えてしまわないように、大《おお》きな布《ぬの》でまわりをかこえば完璧《かんぺき》だね。

災害後《さいがいご》も家《いえ》で暮《く》らすには

災害《さいがい》がおきた後《あと》でも自宅《じたく》が安全《あんぜん》な場合《ばあい》は、避難所《ひなんじょ》に向《む》かわず、家《いえ》に残《のこ》って生活《せいかつ》をつづけられるよ。これを「在宅避難《ざいたくひなん》」というんだ。避難所《ひなんじょ》よりもストレスがすくなくて、安心《あんしん》して暮《く》らせるけど、事前《じぜん》にいろいろな準備《じゅんび》をしておく必要《ひつよう》があるよ。

停電《ていでん》や断水《だんすい》にそなえる

大《おお》きな災害《さいがい》がおこった後《あと》は、電気《でんき》・ガス・水道《すいどう》が使《つか》えなくなってしまうことがあるよ。家《いえ》で生活《せいかつ》をつづけるために、食料《しょくりょう》や水《みず》はもちろん、懐中電灯《かいちゅうでんとう》や乾電池《かんでんち》、カセットコンロなど、電気《でんき》やガスの代《か》わりになるものも用意《ようい》しておこう。54 〜 55ページでは、必《ひつ》要《よう》なものをよりくわしく紹介《しょうかい》しているよ！

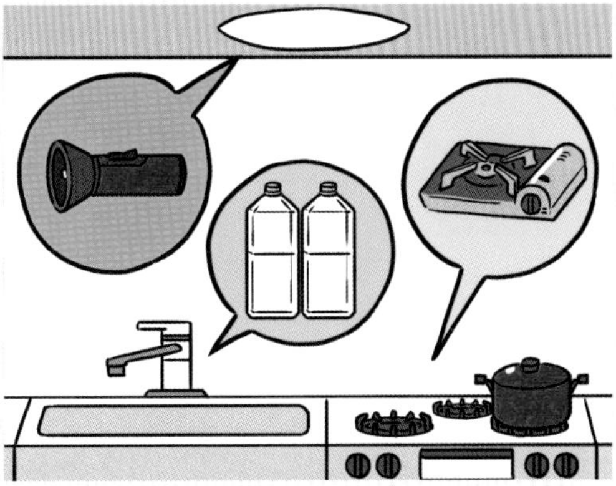

家《いえ》のなかの災害対策《さいがいたいさく》

災害《さいがい》によって大《おお》きな家具《かぐ》がたおれたり、窓《まど》ガラスが飛《と》びちったりして、家《いえ》のなかがメチャクチャになると、在宅避難《ざいたくひなん》ができなくなってしまうよ。専用《せんよう》の器具《きぐ》で家具《かぐ》を固《こ》定《てい》する、ガラスに飛《と》びちり防止《ぼうし》のフィルムをはるなど、対策《たいさく》をしておこう。火事《かじ》にそなえて、消火器《しょうかき》を用意《ようい》するのもだいじだよ。

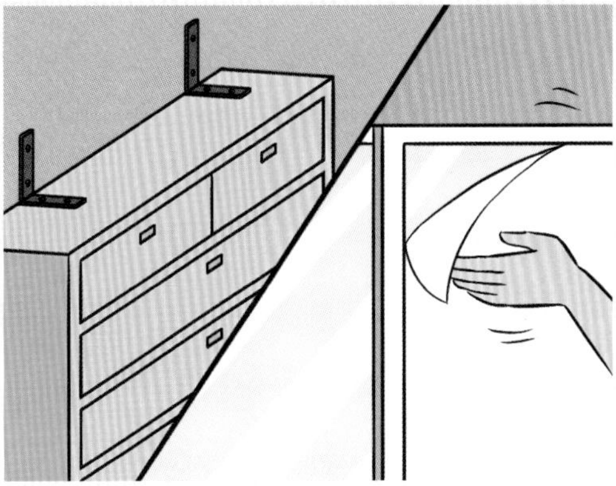

近所《きんじょ》で助《たす》け合《あ》おう！

災害《さいがい》のあとは、思《おも》いもよらないことがたくさんおこるよ。こまったことや、足《た》りないものがあるときは、近所《きんじょ》どうしで助《たす》け合《あ》おう。ふだんからあいさつをして、顔見知《かおみし》りになっておくといいね。

力《ちから》を合《あ》わせて緊急事態《きんきゅうじたい》を乗《の》り切《き》ろう！

問《もん》題《だい》 6

熱中症《ねっちゅうしょう》になったかも。ぬれタオルはどこに当《あ》てればいい？

むずかしさ ★★★

A おでこ

B 首《くび》すじ（首《くび》のうら）

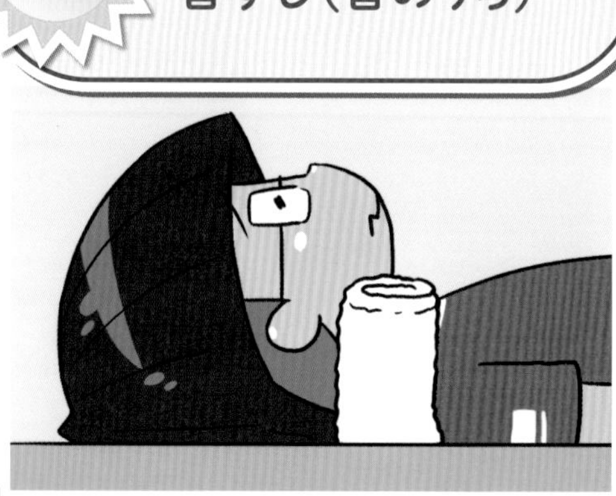

答《こた》え B

首《くび》すじ（首《くび》のうら）

太《ふと》い血管《けっかん》がある場所《ばしょ》を冷《ひ》やそう!

暑《あつ》くてジメジメした場所《ばしょ》にずっといると、体《からだ》に熱《ねつ》がこもって、頭痛《ずつう》やはき気《け》を感《かん》じることがある。これを「熱中症《ねっちゅうしょう》」というよ。熱中症《ねっちゅうしょう》になったら、体《からだ》を冷《ひ》やすことがたいせつ。すずしい場所《ばしょ》に移動《いどう》して、ぬれタオルを体《からだ》に当《あ》てよう。太《ふと》い血管《けっかん》がある首《くび》すじやわきに当《あ》てると、全身《ぜんしん》を冷《ひ》やすことができるよ。

サバイバルの知恵《ちえ》

熱中症《ねっちゅうしょう》になったら、5つの対応《たいおう》を急《いそ》げ!

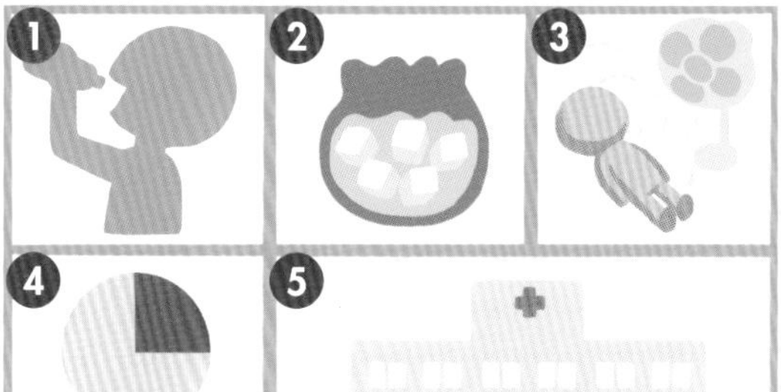

慣《な》れない環境《かんきょう》でもある避難所《ひなんじょ》では、とくに夏場《なつば》は熱中症《ねっちゅうしょう》への注意《ちゅうい》が必要《ひつよう》だよ。熱中症《ねっちゅうしょう》になってしまったら、すぐ次《つぎ》の対応《たいおう》をしよう。

①水分《すいぶん》をとる（Fluid《フルーイド》）
②体《からだ》を冷《ひ》やす（Ice《アイス》）
③すずしい場所《ばしょ》で休《やす》む（Rest《レスト》）
④15分《ふん》くらいようすを見《み》る（Sign《サイン》）

ここまでやってみても、症状《しょうじょう》が落《お》ち着《つ》かないようだったら

⑤病院《びょういん》で治療《ちりょう》する（Treatment《トリートメント》）

この5つの英語《えいご》の頭文字《かしらもじ》をとって「FIRST《ファースト》」とも呼《よ》ばれているよ。

室内《しつない》でも、蒸《む》し暑《あつ》い場所《ばしょ》では注意《ちゅうい》しよう!

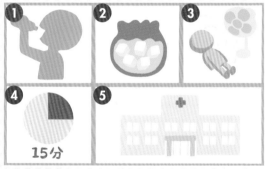

問《もん》題《だい》 7

ゆかがかたくておしりがいたい！どっちを使《つか》えばいい？

むずかしさ★★★

A ビニール袋《ぶくろ》

B 雑誌《ざっし》

答《こた》え

A

ビニール袋《ぶくろ》

ビニール袋《ぶくろ》に空気《くうき》を入《い》れるだけ!

避難所《ひなんじょ》に長《なが》い時間《じかん》いると、つかれてきてしまう。これは、ゆかがかたいことも原因《げんいん》のひとつなんだ。ビニール袋《ぶくろ》で作《つく》ったクッションを使《つか》うことで、つかれを軽減《けいげん》できるよ。

作《つく》り方《かた》はかんたん！　ビニール袋《ぶくろ》に空気《くうき》を入《い》れて、口《くち》をしっかりとしばれば、クッションの完成《かんせい》だ。袋《ふくろ》の口《くち》を下《した》にして、上《うえ》から下《した》にふりおろせば空気《くうき》はすぐに入《はい》るよ。空気《くうき》の量《りょう》は、好《この》みに合《あ》わせて調節《ちょうせつ》しよう。

口《くち》を輪《わ》ゴムで結《むす》べば、何度《なんど》も使《つか》えるぞ!

クイズ深掘《ふかぼ》り!

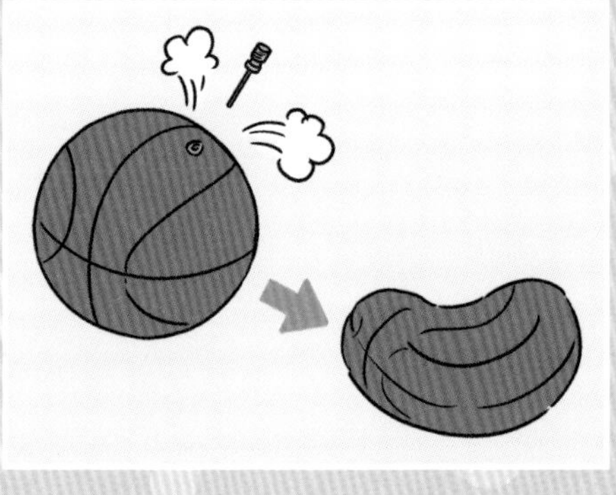

体育館《たいいくかん》のボールもまくらにできる

避難所《ひなんじょ》が学校《がっこう》の体育館《たいいくかん》の場合《ばあい》は、バレーボールやドッジボールのボールを使《つか》って、まくらを作《つく》ることもできるよ。空気入《くうきい》れの針《はり》を穴《あな》にさしこんで、好《す》きなかたさになるまで空気《くうき》をぬけばいいんだ。ただしボールを使《つか》っていいかどうかは、あらかじめ大人《おとな》に聞《き》くようにしよう。

問《もん》題《だい》 8

慣《な》れない場所《ばしょ》でねむれない。どうしたらいい？

むずかしさ★★★

A 段《だん》ボールでしきりを作《つく》る

B 外《そと》でさんぽする

答《こた》え

A

段《だん》ボールでしきりを作《つく》る

段《だん》ボールでプライバシーを守《まも》ろう

災害《さいがい》の後《あと》はただでさえ不安《ふあん》なのに、避難所《ひなんじょ》は知《し》らない人《ひと》がおおぜいいて、落《お》ち着《つ》けないよ。もしねむれないようなら、段《だん》ボールでしきりを作《つく》ってみよう。まわりの人《ひと》と目《め》が合《あ》わないだけでも、気《き》もちを落《お》ち着《つ》けることができるんだ。暗《くら》いなかをひとりでさんぽするのは、危険《きけん》だからやめておこう。

サバイバルの知恵《ちえ》

寒《さむ》くてねむれないときは新聞紙《しんぶんし》が使《つか》える！

避難所《ひなんじょ》のなかは、夏《なつ》は暑《あつ》くて冬《ふゆ》は寒《さむ》いものだと考《かんが》えておこう。冬《ふゆ》の避難生活《ひなんせいかつ》は、きびしい寒《さむ》さとの戦《たたか》いでもあるんだ。そんなとき、新聞紙《しんぶんし》が役《やく》に立《た》つよ。

新聞紙《しんぶんし》を何枚《なんまい》か重《かさ》ねて体《からだ》にかけると、意外《いがい》にあたたかいんだ。これは、紙《かみ》のあいだで空《くう》気《き》が層《そう》になることで、体温《たいおん》が外《そと》に逃《に》げるのを防《ふせ》いでくれるからだよ。

寝《ね》るとき以外《いがい》は、下着《したぎ》と上着《うわぎ》のあいだに新《しん》聞紙《ぶんし》を入《い》れることで、どんな体勢《たいせい》でもあたたかさを保《たも》てるよ。さらにその上《うえ》から ラップを巻《ま》くと、もっと保温効果《ほおんこうか》が高《たか》まるんだ。

足先《あしさき》が冷《ひ》えるときは
くつ下《した》のなかに
新聞紙《しんぶんし》を入《い》れよう！

問題《もんだい》 9

ひとりが暮《く》らすのに必要最低限《ひつようさいていげん》なスペースは？

むずかしさ★★★

A たたみ1枚分《まいぶん》

B
たたみ2枚分《まいぶん》
子《こ》ども2人《ふたり》だと
けっこうよゆうが
あるようにも
感《かん》じるな
C
たたみの半分《はんぶん》
すわっている
だけなら
大丈夫《だいじょうぶ》そう…

答《こた》え B

たたみ2枚《まい》分《ぶん》

健康《けんこう》を守《まも》るためにスペースが必要《ひつよう》!

避難所《ひなんじょ》にはたくさんの人《ひと》が集《あつ》まるから、ひとりが使《つか》えるスペースは限《かぎ》られているよ。でも、人間《にんげん》はあまりにギュウギュウづめだと、大《おお》きなストレスを感《かん》じるんだ。それに、せまい場所《ばしょ》に長《ちょう》時間《じかん》いると、血管《けっかん》がつまってしまう「エコノミークラス症候群《しょうこうぐん》」という病気《びょうき》になることもあるよ。国際的《こくさいてき》な基準《きじゅん》では、健康《けんこう》に暮《く》らすために、ひとり3.5㎡のスペースが必要《ひつよう》といわれているんだ。これは、だいたいたたみ２枚分《まいぶん》の広《ひろ》さだよ。

車《くるま》のなかで生活《せいかつ》する場合《ばあい》も気《き》をつけよう!

クイズ深《ふか》掘《ぼ》り!

スペースが足《た》りないときは……

ひとりあたり3.5㎡の広《ひろ》さを確保《かくほ》できればいいけど、避難所《ひなんじょ》の広《ひろ》さが足《た》りなくて、どうしてもスペースがせまくなってしまうことも多《おお》いんだ。そんなときは、エコノミークラス症候群《しょうこうぐん》を防《ふせ》ぐために、たまに立《た》ち上《あ》がって体《からだ》を動《うご》かしたり、こまめに水分《すいぶん》をとったりすることがたいせつだよ。

「車中泊《しゃちゅうはく》」ではここに注意《ちゅうい》！

避難所《ひなんじょ》が満員《まんいん》だったり、スペースがせまかったりしたときに、車《くるま》のなかで避難生活《ひなんせいかつ》をする人《ひと》も、最近《さいきん》は増《ふ》えているんだ。そうやって車《くるま》のなかで寝泊《ねと》まりすることを「車中泊《しゃちゅうはく》」というよ。プライバシーが守《まも》られる一方《いっぽう》で、気《き》をつけなければいけないこともあるから、このページで確認《かくにん》しておこう。

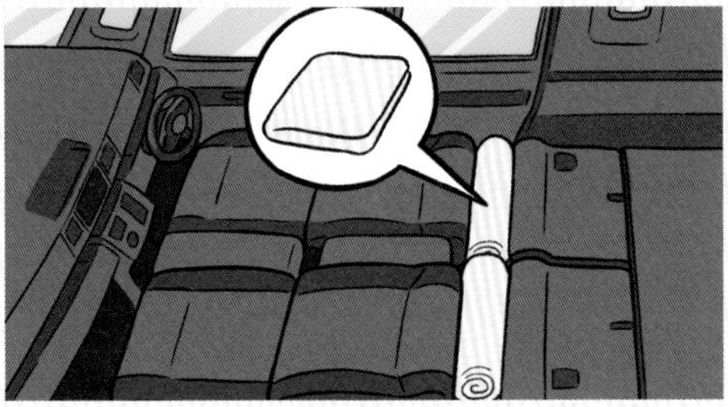

❶ 座席《ざせき》は必《かなら》ずたおす

すわったまま生活《せいかつ》すると、エコノミークラス症候群《しょうこうぐん》(→30 ページ)になってしまうよ。とくに寝《ね》るときはシートをたおしておこう。すき間《ま》にタオルをつめれば、ゆかをより平《たい》らにできるよ。

❷ 防犯対策《ぼうはんたいさく》をする

災害《さいがい》の後《あと》には、車《くるま》からものを盗《ぬす》もうとする「車上荒《しゃじょうあ》らし」など、わるいことをする人《ひと》があらわれるよ。とくに寝《ね》るときは、しっかりカギをかけて、窓《まど》には目《め》かくしをするようにしよう。

❸ 寒《さむ》さ・暑《あつ》さにそなえる

車《くるま》のなかは寒《さむ》くも暑《あつ》くもなりやすいよ。寒《さむ》いときは毛布《もうふ》をしく、暑《あつ》いときは日《ひ》をさえぎるシートを窓《まど》にはるなど、車内《しゃない》の気温《きおん》を上下《じょうげ》させない工夫《くふう》をしよう。服装《ふくそう》の調節《ちょうせつ》もだいじだよ。

「一酸化炭素中毒《いっさんかたんそちゅうどく》」という危険《きけん》な病気《びょうき》を防《ふせ》ぐために、寝《ね》るときはエンジンを切《き》らないといけないんだ。

エアコンが使《つか》えないから夏《なつ》は電池式《でんちしき》の扇風機《せんぷうき》があると助《たす》かりそうだね。

問題《もんだい》
10

単三電池《たんさんでんち》を単一電池《たんいちでんち》に変《か》えるには、なにとなにが必要《ひつよう》？

むずかしさ ★★★

A 布《ぬの》とアルミホイル

B 割《わ》りばしとラップ

答《こた》え A

布《ぬの》とアルミホイル

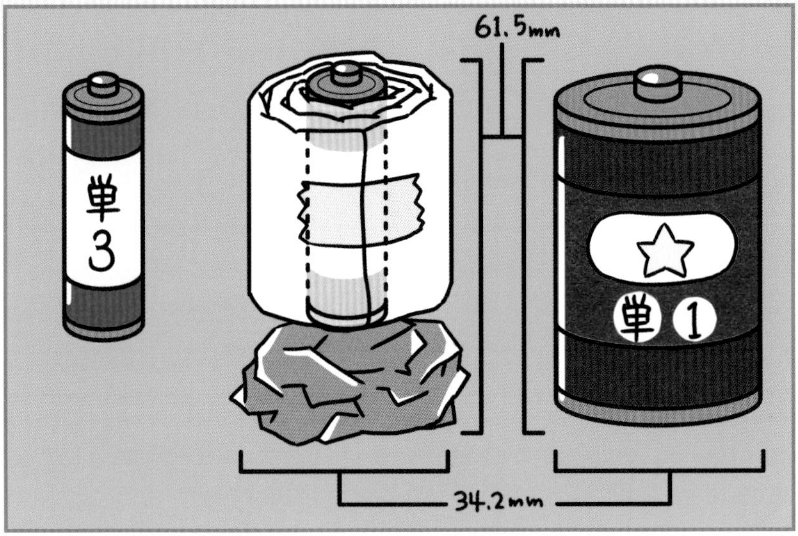

電池《でんち》の太《ふと》さと高《たか》さは変《か》えられる!

乾電池《かんでんち》には、大《おお》きい順《じゅん》に単一《たんいち》、単二《たんに》、単三《たんさん》……と、いくつかサイズがあるよ。電化製品《でんかせいひん》によって、使《つか》える電池《でんち》のサイズはちがうんだ。でもじつは、布《ぬの》とアルミホイルを使《つか》って、小《ちい》さいサイズの電池《でんち》を、大《おお》きいサイズの電池《でんち》に変《か》えることができるよ。

布《ぬの》を電池《でんち》の幅《はば》に切《き》って巻《ま》きつけ、大《おお》きいサイズの電池《でんち》とおなじ太《ふと》さになったら、テープで止《と》める。さらに、丸《まる》めたアルミホイルで高《たか》さを調節《ちょうせつ》すれば、大《おお》きいサイズの電池《でんち》として使《つか》えるよ。

電池《でんち》は太《ふと》さと幅《はば》さえ合《あ》えば使《つか》えるんだ!

クイズ深掘《ふかぼ》り!

電気《でんき》をとおすものなら、アルミホイルでなくてもオーケー!

高《たか》さを調節《ちょうせつ》するものは、電気《でんき》をとおす素材《そざい》なら、なんでもいい。1円玉《えんだま》もアルミニウムでできているから、電気《でんき》をとおすよ。何枚《なんまい》か重《かさ》ねたものを、セロハンテープで止《と》めて、すき間《ま》に入《い》れてみよう。10円玉《えんだま》も、おなじように使《つか》えるよ。

問《もん》題《だい》 11

あかりがほしいとき、ろうそくの代《か》わりになるのは？

むずかしさ★★★

A ツナの缶《かん》づめ

B フルーツの缶《かん》づめ

答《こた》え A

ツナの缶《かん》づめ

ツナ缶

缶《かん》づめの油分《ゆぶん》がもえて炎《ほのお》になる

懐中電灯《かいちゅうでんとう》もろうそくもないけど、どうしてもあかりが必要《ひつよう》なときは、ツナの缶《かん》づめが使《つか》えるよ。まず、缶《かん》のふたにキリなどで小《ちい》さな穴《あな》を開《あ》けよう。そこにティッシュをねじって作《つく》った「こより」を奥《おく》までさしこむ。こよりが油《あぶら》を吸《す》いこんだら、火《ひ》をつけてみよう。１時間《じかん》くらいは、あかりとして使《つか》えるよ。なかに入《はい》っている油《あぶら》が、火《ひ》を長《なが》もちさせるんだね。ノンオイルの缶《かん》づめでは火《ひ》がつかないから、注意《ちゅうい》しよう。

こよりの長《なが》さは、缶《かん》の高《たか》さの倍《ばい》くらいがいいぞ！

クイズ深《ふか》掘《ぼ》り！

バターもろうそくの代《か》わりになる

四角《しかく》いバターもろうそくの代《か》わりになるよ。バターをつつんでいる銀紙《ぎんがみ》をはがして、お皿《さら》の上《うえ》に立《た》てる。バターの上《うえ》の面《めん》につまようじなどで穴《あな》を開《あ》けて、バターをぬりこんだこよりをさしこめば、できあがりだ。こよりの代《か》わりに、綿《めん》のひもを使《つか》えば、よりしっかりと火《ひ》がつくよ。

問題《もんだい》

12

くつがにおいはじめた。どうしたらいい？

むずかしさ★★★

A 10円玉《えんだま》を入《い》れる

B 100円玉《えんだま》を入《い》れる

答《こた》え

A

10円玉《えんだま》を入《い》れる

銅《どう》の成分《せいぶん》でにおいをおさえる!

避難生活《ひなんせいかつ》が長《なが》びいてくると、自分《じぶん》のくつからイヤなにおいがしはじめて、気《き》になってしまうかもしれないよね。においがするのは、くつのなかに菌《きん》が増《ふ》えはじめたから。そんなときには、くつのなかに10円玉《えんだま》を何枚《なんまい》か入《い》れてみよう。10円玉《えんだま》の材料《ざいりょう》である銅《どう》には、この菌《きん》をやっつける効果《こうか》があるんだ。

できれば左右《さゆう》のくつにそれぞれ5～10枚《まい》の10円玉《えんだま》を入《い》れよう。一晩《ひとばん》おいておくと、においをおさえられるよ。

クイズ深《ふか》掘《ぼ》り!

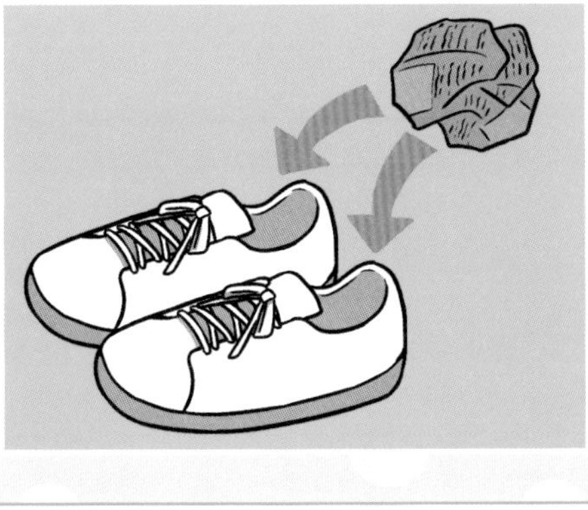

くつをかわかすことも重要《じゅうよう》

くつのなかがジメジメしていると、においの元《もと》になる菌《きん》が増《ふ》えてしまいやすいんだ。はいた後《あと》はどうしても汗《あせ》でむれてしまうから、ときどき日《ひ》に当《あ》てて乾《かわ》かすことがたいせつだよ。新聞紙《しんぶんし》を丸《まる》めてくつのなかに入《い》れておくのも、湿気《しっけ》を取《と》るためには効果《こうか》があって、においをおさえられるよ。

問題《もんだい》 13

雨《あめ》にぬれてお札《さつ》がやぶれた！どれくらい残《のこ》っていれば使《つか》える？

むずかしさ★★★

A 3分《ぶん》の2以上《いじょう》

B 3分《ぶん》の1以上《いじょう》

答《こた》え

A

3分《ぶん》の2以《い》上《じょう》

元《もと》の大《おお》きさの3分《ぶん》の2以上《いじょう》あればOK！

お金《かね》には、お札《さつ》とコインの2種類《しゅるい》があるよね。お札《さつ》は紙《かみ》でできているから、災害時《さいがいじ》に水《みず》にぬれてフニャフニャになり、やぶれてしまうこともあるかもしれない。お札《さつ》は高額《こうがく》なお金《かね》だから、使《つか》えなくなったらこまってしまうよね。

でも、元《もと》の面積《めんせき》の3分《ぶん》の2以上《いじょう》が残《のこ》っていれば、銀行《ぎんこう》で新《あたら》しいお札《さつ》と交換《こうかん》してもらうことができるんだ。やぶれてしまってもすてたりせず、たいせつに保管《ほかん》しておこう。

クイズ深掘《ふかぼ》り！

半分以下《はんぶんいか》でも使《つか》える場合《ばあい》がある

「3分《ぶん》の2以下《いか》しか残《のこ》っていない……」というときも、お札《さつ》をすててはいけないよ。元《もと》の面積《めんせき》の5分《ぶん》の2以上《いじょう》が残《のこ》っていれば、銀行《ぎんこう》で元《もと》の半額分《はんがくぶん》のお金《かね》にひきかえてもらえる決《き》まりになっているんだ。ただし、5分《ぶん》の2未満《みまん》しか残《のこ》っていない場合《ばあい》は、ざんねんだけどひきかえてもらえないよ。

問題《もんだい》 14

給水車《きゅうすいしゃ》がやってきた！ 飲《の》み水《みず》を運《はこ》ぶのに向《む》いているのは？

むずかしさ★★★

イラストのなかのものから3種類《しゅるい》選《えら》んでね

答《こた》え

ポリタンク、ビニール袋《ぶくろ》、ペットボトル

保存《ほぞん》できる容器《ようき》に水《みず》を入《い》れてもらおう!

生《い》きていくために欠《か》かせない水《みず》を、避難所《ひなんじょ》にたくさん運《はこ》んできてくれるのが「給水車《きゅうすいしゃ》」だよ。給水車《きゅうすいしゃ》がきたら、容器《ようき》をもって列《れつ》に並《なら》べば、水《みず》をもらえるよ。

飲《の》み水《みず》をもらうとき、いちばんいいのはポリタンクやペットボトルだ。フタを閉《し》めれば水《みず》がこぼれないし、空気《くうき》にふれないから保存《ほぞん》にも向《む》いているよ。ビニール袋《ぶくろ》も、口《くち》をしばれば意外《いがい》に多《おお》くの飲《の》み水《みず》を運《はこ》べるよ。

クイズ深《ふか》掘《ぼ》り!

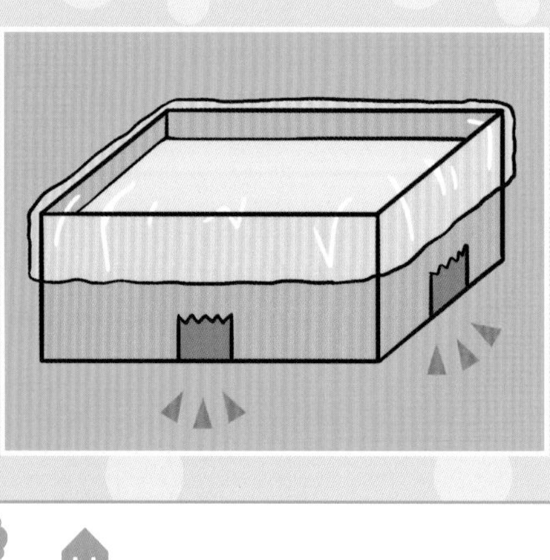

ビニール袋《ぶくろ》と段《だん》ボールを組《く》み合《あ》わせる

ビニール袋《ぶくろ》はたくさん水《みず》を運《はこ》べるけど、もちづらいし、やぶけることがあるよ。安全《あんぜん》に水《みず》を運《はこ》ぶために、段《だん》ボールと組《く》み合《あ》わせて使《つか》おう。底《そこ》をしっかりと止《と》めた段《だん》ボールに、ビニール袋《ぶくろ》をかぶせるだけで、安全《あんぜん》でもちやすくなるんだ。

避難所《ひなんじょ》まで歩《ある》いてみよう！

キミは「今《いま》すぐ避難《ひなん》して！」といわれたとき、どこに向《む》かえばいいかわかるかな？避難場所《ひなんばしょ》がわかっていたとしても、いつも歩《ある》いている道《みち》が、災害時《さいがいじ》にも安全《あんぜん》だとは限《かぎ》らないよ。いざというときにそなえて、避《ひ》難場所《なんばしょ》までの道《みち》のりを、事前《じぜん》に歩《ある》いておくといいね。災害《さいがい》の種類《しゅるい》や被災《ひさい》した場所《ばしょ》によって、気《き》をつけることは変《か》わってくるから、道《みち》の途中《とちゅう》にあるものを、注意深《ちゅういぶか》く見《み》ていこう！

地震《じしん》のときに危険《きけん》な場所《ばしょ》

地震《じしん》がおきたときに危険《きけん》なのは、たおれるものや、頭《あたま》の上《うえ》から落《お》ちてくるものだよ。たおれそうな古《ふる》いブロックべいや電信柱《でんしんばしら》、落《お》ちてきそうなお店《みせ》の看板《かんばん》などがないか、確認《かくにん》しながら歩《ある》こう。ゆれているときには渡《わた》らないほうがいい「歩道橋《ほどうきょう》」もチェックしておこう。

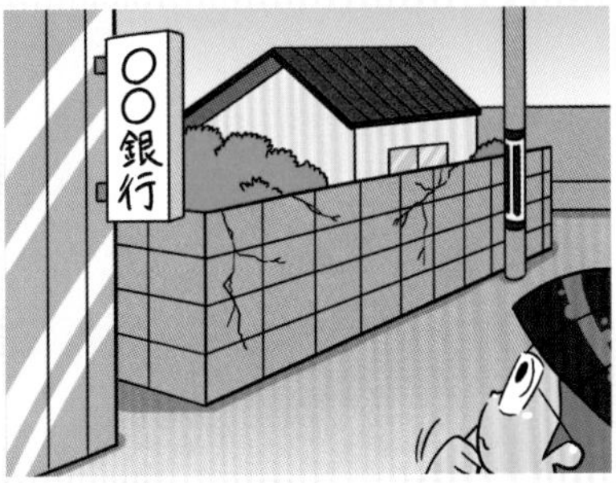

洪水《こうずい》のときに危険《きけん》な場所《ばしょ》

洪水《こうずい》のときには、川《かわ》があふれたり、山《やま》がくずれたりするかもしれないよ。地下道《ちかどう》など、低《ひく》い場所《ばしょ》には水《みず》が流《なが》れこんでくることもある。歩《ある》けないほど水《みず》が深《ふか》くなったときに、逃《に》げこめる高《たか》い建物《たてもの》をさがしておけば、とつぜんの洪水《こうずい》のときも安心《あんしん》だよ。

地図《ちず》にまとめてみよう！

避難場所《ひなんばしょ》までの道《みち》のりを歩《ある》いてみた後《あと》は、見《み》つけた危険《きけん》や、いちばん安全《あんぜん》そうなルートを地図《ちず》に描《か》いてみよう。絵《え》にしてまとめることで、しっかりと道《みち》をおぼえることができるし、家族《かぞく》といっしょに確認《かくにん》することもできるから、おすすめだよ。

問《もん》題《だい》 15

夏《なつ》場《ば》、ひなたにおいた飲《の》み水《みず》はどれくらいもつ？

むずかしさ★★★

A 1日《にち》

月	火	水	木	金
30	31	1	2	3
6	7	8	9	10

B 3日《か》

火	水	木	金	土
31	1	2	3	4
7	8	9	10	11

答《こた》え

A 1日《にち》

たった1日《にち》で飲《の》めなくなる！

災害《さいがい》のときには、水道《すいどう》が止《と》まってしまうことも多《おお》いんだ。そんなときには井戸水《いどみず》をくんだり、給水車《きゅうすいしゃ》から水《みず》をもらったりして、ポリタンクなどにためておくことになるよ。

ためておく水《みず》は、保管場所《ほかんばしょ》に気《き》をつけよう。直射日光《ちょくしゃにっこう》に当《あ》てていると、たった１日《にち》で水《みず》のなかのばい菌《きん》や微生物《びせいぶつ》が増《ふ》えて、飲《の》めなくなってしまうよ。必《かなら》ず日《ひ》の当《あ》たらない、できるだけすずしい場所《ばしょ》で保存《ほぞん》するようにしよう！

変《へん》な味《あじ》や
においがしたら、
すぐはき出《だ》してくれ！

クイズ深掘《ふかぼ》り！

ペットボトルには口《くち》をつけずに水《みず》を飲《の》もう

ペットボトルに入《はい》ったミネラルウォーターを飲《の》むときは、直接口《ちょくせつくち》をつけて飲《の》むのはやめよう。口《くち》のなかにいるばい菌《きん》や微生物《びせいぶつ》が水《みず》に入《はい》ってしまうから、すぐに飲《の》めなくなってしまうんだ。水《みず》は必《かなら》ず、コップに注《そそ》いでから飲《の》もう。

問《もん》題《だい》16

避難中《ひなんちゅう》にシャワーを浴《あ》びるとき、どのようにするのがいい？

むずかしさ★★★

A 泡《あわ》をこまめに流《なが》すようにする

B 髪《かみ》の毛《け》と体《からだ》の泡《あわ》を一気《いっき》に流《なが》す

答《こた》え
B

髪《かみ》の毛《け》と体《からだ》の泡《あわ》を一気《いっき》に流《なが》す

水《みず》を節約《せつやく》するのがポイント!

避難所《ひなんじょ》では水《みず》が不足《ふそく》しているから、もしシャワーがあったとしても、できるだけすくない水《みず》ですむように工夫《くふう》しないといけないよ。コツは、泡《あわ》を一気《いっき》に流《なが》してしまうこと。こまめに洗《あら》い流《なが》すには、思《おも》った以上《いじょう》にたくさんの水《みず》が必要《ひつよう》なんだ。

まず、シャワーやおけで頭《あたま》と全身《ぜんしん》をぬらそう。そして、頭《あたま》や首《くび》、むね、足《あし》など、全身《ぜんしん》を洗《あら》っていくよ。さいごに頭《あたま》から水《みず》をかぶれば、最小限《さいしょうげん》の水《みず》で、泡《あわ》を一気《いっき》に流《なが》せるんだ。

クイズ深掘《ふかぼ》り!

シャワーを浴《あ》びられないときは

災害《さいがい》があった後《あと》は、しばらくシャワーを浴《あ》びられないと考《かんが》えておこう。薬局《やっきょく》で手《て》に入《はい》る「清拭剤《せいしきざい》」をタオルにふくませて体《からだ》をふけば、すくない水《みず》で清潔《せいけつ》に保《たも》つことができるよ。とくに汚《よご》れがたまりやすい耳《みみ》のうらやわきの下《した》、足《あし》の指《ゆび》のあいだを注《ちゅう》意《い》してふけば、体《からだ》のにおいをおさえられるよ。

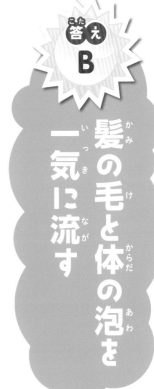

問題《もんだい》 17

避難所《ひなんじょ》は、災害《さいがい》の直後《ちょくご》ではなく途中《とちゅう》からでも利用《りよう》できる？

むずかしさ ★★★

A 利用《りよう》できない

B 利用《りよう》できる

答《こた》え B

利用《りよう》できる

避難所《ひなんじょ》は、いつでも出入《でい》り自由《じゆう》

満員《まんいん》でなければ、避難所《ひなんじょ》にはいつでも入《はい》ることができるよ。「災害後《さいがいご》も家《いえ》に残《のこ》っていたけど、家《いえ》が崩《くず》れないか不安《ふあん》」「親《しん》せきの家《いえ》に逃《に》げていたけど、あんまり長《なが》くいるのも心苦《こころぐる》しいから」といったときには、近《ちか》くの避難所《ひなんじょ》に相談《そうだん》してみよう。

逆《ぎゃく》に、時間《じかん》がたつと新《あたら》しく住《す》む場所《ばしょ》が決《き》まったり、家《いえ》が住《す》める状態《じょうたい》になったりして、避難所《ひなんじょ》から出《で》ていく人《ひと》も多《おお》いんだ。「避難所《ひなんじょ》はいつでも出入《でい》り自由《じゆう》」とおぼえておこう。

もちろん避難所《ひなんじょ》で配《くば》られる物資《ぶっし》も受《う》け取《と》れるぞ！

クイズ深掘《ふかぼ》り！

避難所《ひなんじょ》を退所《たいしょ》できるのはいつ？

避難所《ひなんじょ》は、災害《さいがい》によって家《いえ》に住《す》めなくなってしまった人《ひと》が、一時的《いちじてき》に住《す》む場所《ばしょ》だよ。自宅《じたく》が安全《あんぜん》だとわかって帰宅《きたく》したり、親《しん》せきの家《いえ》で暮《く》らせることになったり、仮設住宅《かせつじゅうたく》に移《うつ》ることになったりと、避難所以外《ひなんじょいがい》で住《す》める場所《ばしょ》が見《み》つかったら、退《たい》所《しょ》することになるんだ。

問題《もんだい》 18

体育館《たいいくかん》にはまだ人《ひと》がいるけど、学校《がっこう》はいつ再開《さいかい》するの？

むずかしさ ★★★

A 避難者《ひなんしゃ》がいても学校《がっこう》は再開《さいかい》

B 避難者《ひなんしゃ》がいなくなるまで休校《きゅうこう》

答《こた》え A

避難者《ひなんしゃ》がいても学校《がっこう》は再開《さいかい》

教室《きょうしつ》が空《あ》いていれば授業《じゅぎょう》はできる

大災害《だいさいがい》の後《あと》は、しばらく学校《がっこう》が休《やす》みになることが多《おお》いよ。なぜなら、避難《ひなん》する人《ひと》が多《おお》くなると、体育館《たいいくかん》だけでなく、教室《きょうしつ》も避難所《ひなんじょ》として開放《かいほう》するからなんだ。

学校《がっこう》が再開《さいかい》するのは、教室《きょうしつ》で避難生活《ひなんせいかつ》をしていた人《ひと》が次《つぎ》に住《す》む場所《ばしょ》を見《み》つけて、全員移動《ぜんいんいどう》できてから。教室《きょうしつ》さえ空《あ》いていれば授業《じゅぎょう》はできるから、体育館《たいいくかん》には避難《ひなん》している人《ひと》が残《のこ》っていても、授業《じゅぎょう》は再開《さいかい》するんだ。

クイズ深掘《ふかぼ》り！

教室《きょうしつ》を空《あ》けてくれた人《ひと》に感謝《かんしゃ》を

授業《じゅぎょう》を再開《さいかい》させるために、ようやく住《す》み慣《な》れた教室《きょうしつ》から、別《べつ》の避難所《ひなんじょ》へ移動《いどう》する人《ひと》たちもいるんだ。これは、未来《みらい》をになうキミたちから、勉強《べんきょう》する機会《きかい》をうばわないためだよ。それくらい、キミたちはみんなにとって、たいせつな存在《そんざい》なんだ。その気《き》もちに感謝《かんしゃ》しようね。

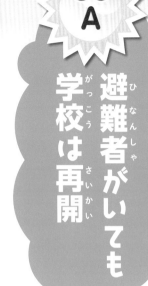

エピローグ 避難生活《ひなんせいかつ》を終《お》えて

そういえば、あの震災《しんさい》からもう1年《ねん》かあ…。
こうやってふつうに登校《とうこう》できることにも、感謝《かんしゃ》しないとな…
ブツブツ…
おーいハルト！
おはよっ！どうしたの？浮《う》かない顔《かお》して
あ、サクラかおはよう。別《べつ》にそんなことないよ！
ほんとかな～？今日《きょう》のテスト不安《ふあん》なんじゃないの？
ちがうってちゃんと勉強《べんきょう》してきたしね！
じゃあ、勝負《しょうぶ》する？
いいよ！負《ま》けないからね！

災害《さいがい》がくる前《まえ》にやっておこう！

避難《ひなん》するときに急《いそ》いでもち出《だ》す荷物《にもつ》とは別《べつ》に、家《いえ》のなかに用意《ようい》しておくといいものが、いくつかあるよ。在宅避《ざいたくひ》難《なん》(→p.21)のときに使《つか》えるのはもちろん、避難所《ひなんじょ》で暮《く》らしていたとしても、災害《さいがい》が落《お》ち着《つ》いてから取《と》りにもどれるかもしれないよね。

なにを、どのくらい備蓄《びちく》しておけばいいのか、このページを参考《さんこう》にしながら考《かんが》えてみよう！

食料《しょくりょう》

栄養《えいよう》がかたよらないよう、バランスよくそろえることがたいせつ。ビタミンをおぎなうためには野菜《やさい》ジュースなど、たんぱく質《しつ》をとるためには肉《にく》や魚《さかな》の缶《かん》づめがあるといいね。あたためなくても食《た》べられるものもあると、電気《でんき》やガスが使《つか》えないときに便利《べんり》だよ。

水《みず》

備蓄《びちく》する水《みず》は、ひとりあたり１日《にち》３Lが目安《めやす》。飲《の》み水《みず》と生活用水《せいかつようすい》をあわせて用意《ようい》しよう。

食料《しょくりょう》と水《みず》は最低《さいてい》３日分《かぶん》は用意《ようい》しよう！

簡易《かんい》トイレ

トイレの水《みず》が流《なが》れないとき、役《やく》に立《た》つよ。多《おお》くの市販品《しはんひん》は、いやなにおいもおさえられるよ。

乾電池《かんでんち》

停電《ていでん》しているとき、懐中電灯《かいちゅうでんとう》などの電池《でんち》が切《き》れたらこまるよね。必要《ひつよう》なサイズを確認《かくにん》して、用意《ようい》しておこう。

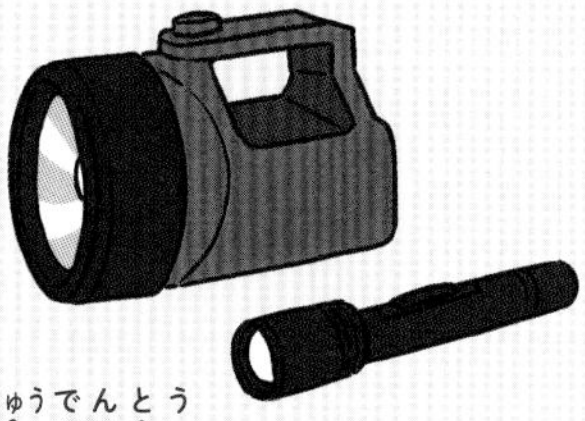

懐中電灯《かいちゅうでんとう》

停電中《ていでんちゅう》の夜《よる》はまっくらだから、あかりが必要《ひつよう》だよ。

ラジオ

たしかな情報《じょうほう》を集《あつ》められる。手回《てまわ》し充電式《じゅうでんしき》がおすすめだよ。

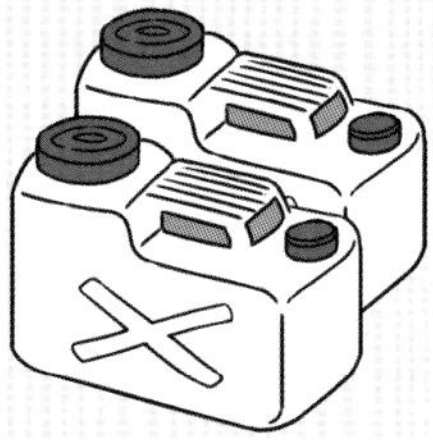

給水《きゅうすい》タンク

近《ちか》くの給水所《きゅうすいじょ》から水《みず》をもらうときに使《つか》うよ。

カセットコンロ

湯《ゆ》わかしや料理《りょうり》に。ガスボンベもわすれずに用意《ようい》しよう。

ビニール袋《ぶくろ》

水《みず》をくんだり、がれきをまとめたり、幅広《はばひろ》く使《つか》えるよ。

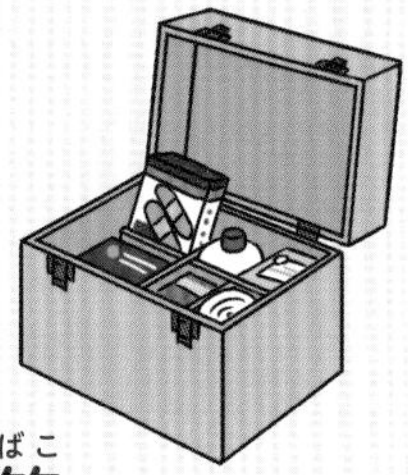

救急箱《きゅうきゅうばこ》

ケガをしたときのために、包帯《ほうたい》や消毒液《しょうどくえき》を用意《ようい》しよう。

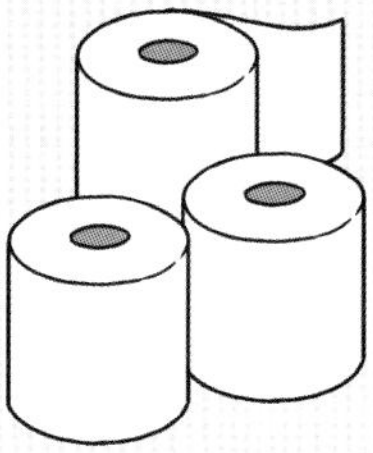

トイレットペーパー

こまめに補充《ほじゅう》しよう。ティッシュとしても使《つか》えるね。

ほうき・ちりとり

ガラスの破片《はへん》などを片《かた》づけるとき、役《やく》に立《た》つよ。

ビニール袋《ぶくろ》は
いろんなサイズが
あるといいね！

その他《た》

夜《よる》に部屋《へや》を照《て》らす「ランタン」や寒《さむ》さをしのぐための「カイロ」、「電池式《でんちしき》のスマホ充電器《じゅうでんき》」などもあると安《あん》心《しん》だよ。ほかにも必要《ひつよう》なものがないか、いつもの暮《く》らしを思《おも》い返《かえ》して、考《かんが》えてみることがだいじだよ。

監修者

木原 実(きはら・みのる)

気象予報士・防災士。
1986年からお天気キャスターとして、日本テレビの番組に出演。現在はお天気キャラクター・そらジローとともに、同局「news every.」のお天気コーナーを担当している。2016年度より、日本防災士会の参与に就任。『天気の基礎知識』(フレーベル館)、『おかあさんと子どものための防災&非常時ごはんブック』(ディスカヴァー・トゥエンティワン)など、多くの気象・防災関連書の監修も務める。

イラスト	AUN幸池重季
ブックデザイン	釣巻デザイン室(釣巻敏康・池田彩)
編集協力	株式会社 バーネット(高橋修)
企画・編集	株式会社 日本図書センター

※本書で紹介した内容は、災害発生時の対応の一例です。非常時にはその状況に応じて、個別の判断が必要になります。そのヒントとして、本書をお役立ていただけますと幸いです。

どっちを選《えら》ぶ? クイズで学《まな》ぶ!

自然災害《しぜんさいがい》サバイバル ③避難生活《ひなんせいかつ》

2020年4月25日 初版第1刷発行
2021年4月25日 初版第2刷発行

監 修	木原 実
発行者	高野総太
発行所	株式会社日本図書センター 〒112-0012 東京都文京区大塚3-8-2 電話 営業部 03-3947-9387 出版部 03-3945-6448 http://www.nihontosho.co.jp
印刷・製本	図書印刷 株式会社

ISBN978-4-284-20457-6 C8336(第3巻)

NDC369.3
どっちを選ぶ? クイズで学ぶ!
自然災害サバイバル
③避難生活
監修・木原実
日本図書センター
2020年 56P 23.7cm×18.2cm